자존감을 키워주는
하루 한 장 초등 글쓰기

지은이 / 박재찬 (달리쌤)

아이들과 글로 이야기하는 걸 좋아하는 교사다. 글을 가지고 아이들과 꽁냥꽁냥 하는 걸 즐긴다. 어느덧 교사로서 아이들을 만나온 지 13년이 되었다.

"I am not strange, I am just not normal."이라는 명언을 남긴 에스파냐의 초현실주의 화가 살바도르 달리를 오마주하여 '달리쌤'이라는 닉네임을 스스로 정했다. 이 세상 모든 일은 '나'로부터 시작되고 '나'에서 끝난다고 믿고 있다. 그래서 이 책 『자존감을 키워주는 하루 한장 초등 글쓰기』에는 '나'에 대해 생각해볼 수 있는 질문들을 담았다. 이 책을 통해 많은 학생들이 자신을 잘 알게 되고 스스로를 더욱 사랑할 줄 아는 사람으로 자라나길 바란다.

"어떻게 하면 글쓰기를 싫어하는 초등학생들이 글쓰기를 좋아하게 만들 수 있을까?"라는 질문에 대한 답을 찾아가는 과정에서 『상상력을 키워주는 하루 한장 초등 글쓰기』와 『창의력을 키워주는 하루 한장 초등 글쓰기』, 『호기심을 키워주는 하루 한장 초등 글쓰기』, 『자존감을 키워주는 하루 한장 초등 글쓰기』를 펴냈다. 이 책이 징검다리가 되어, 무라카미 하루키나 베르나르 베르베르보다 탁월한 소설가가 우리 반에서 탄생하길 바라고 있다.

그린이 / 김영주

『최진기의 교실밖 인문학』, 『장선화의 교실밖 글쓰기』, 『창의력을 키워주는 하루 한장 초등 글쓰기』, 『호기심을 키워주는 하루 한장 초등 글쓰기』, 『자존감을 키워주는 하루 한장 초등 글쓰기』에 그림을 그렸다.

하루 한장
초등 글쓰기 밴드

달리플래닛
블로그

초판 1쇄 발행 2021년 7월 31일
6쇄 발행 2025년 2월 1일

지은이 박재찬
그린이 김영주
펴낸이 이형세
펴낸곳 테크빌교육㈜
디자인 어수미 | **제작** 예림인쇄
테크빌교육 출판 서울시 강남구 언주로 551, 5층 | **전화** (02)3442-7783 (333)

ISBN 979-11-6346-134-0 73700
책값은 뒤표지에 있습니다.

테크빌교육 채널에서 교육 정보와 다양한 영상 자료, 이벤트를 만나세요!

블로그 blog.naver.com/njoyschoolbooks   **페이스북** facebook.com/teacherville
티처빌 teacherville.co.kr   **키즈티처빌** kids.teacherville.co.kr
쌤동네 ssam.teacherville.co.kr   **티처몰** shop.teacherville.co.kr

이 책의 무단 전재와 무단 복제를 금합니다.
잘못 만들어진 책은 구입하신 서점에서 교환해드립니다.

마음이 튼튼한 아이가 행복하게 자란다!

자존감을 키워주는
하루 한장
초등 글쓰기

글쓰기 질문 100

박재찬 지음 | 김영주 그림

테크빌교육

머리말

여러분은 스스로를 얼마만큼 사랑하고 있나요?

여러분은 자존감이라는 단어를 들어봤나요? 어른들이 사용하는 어려운 말 같다고요?

자존감은 나 자신을 사랑하는 마음입니다.

어때요? 전혀 어렵지 않죠? 자존감은 어른들만 가지고 있는 게 아닙니다. 어린아이부터 어르신까지 누구나 가질 수 있는 감정이죠. 자존감이 높은 사람들은 이렇게 생각합니다. '나는 사랑받을 가치가 있어.', '나는 이 일을 꼭 해낼 수 있을 거라고 믿어.', '이번엔 실패했지만 다음번엔 더 잘할 수 있을 거야.'
반대로 자존감이 낮은 사람들은 이렇게 생각합니다. '나는 사랑받을 자격이 없어.', '이 일을 내가 해낼 수 있을까 두려워.', '이번처럼 다음번에도 또 실패하는 게 아닐까?'
자존감이 높고 낮은 것은 누가 결정하는 걸까요? 바로 여러분 자신입니다. 나 스스로 결정하는 것입니다. 내가 나를 얼마만큼 사랑하느냐에 따라 달라지는 것이죠.
여러분은 자기 자신을 얼마만큼 사랑하고 있나요? 10점 만점으로 점수를 준다면 몇 점을 주고 싶은지 표시해보세요.

자존감이 중요한 이유

높은 자존감을 가졌다고 해서 더 유명한 사람이 되거나, 사회적으로 성공하거나, 공부를 더 잘하게 되는 것은 아닙니다. 세계적으로 유명한 아이돌 가수나 연예인이 모두 자존감이 높은 사람은 아닙니다. 100억 원의 재산을 가진 부자라고 해서 자존감도 부자인 건 더더욱 아니고요. '국어 1등', '수학 1등' 학생이 자존감도 1등인 것은 물론 아니죠. 그렇다면 자존감이 왜 중요할까요? 자존감이 중요한 이유에는 여러 가지가 있지만, 저는 무엇보다 이렇게 말하고 싶습니다.

"자존감이 높아지면 더 행복해진다."

자존감이 높아지면 다음과 같은 장점이 있습니다.

▶ **하고 싶었던 일을 할 수 있다.**
"할 수 있다고 생각하는 사람은 할 수 있고, 할 수 없다고 생각하는 사람은 할 수 없다."라는 말을 들어본 적 있나요? 높은 자존감을 가진 사람들은 자신이 하고자 하는 일을 할 수 있다고 믿습니다. 그 덕에 실제로 그 일을 해내게 되고요. 이러한 믿음을 '자기 효능감'이라고 부릅니다. 높은 자기 효능감을 가지면 행복하게 살 수 있습니다.

▶ **다른 사람들과 비교하는 것에 마음을 쓰지 않는다.**
'나보다 공부 잘하는 은우', '나보다 운동 잘하는 지원이', '우리 집보다 잘사는 아라네' 등 자존감이 낮은 사람은 나와 다른 사람을 비교하는 데 시간과 에너지를 사용합니다. 반대로 자존감이 높은 사람은 다른 사람과 나를 비교하지 않고, 자신의 기준에 맞춰 생각합니다. '나보다 잘하는 누구'를 찾는 게 아니라 '오늘의 내가 어제의 나와 다른 점'을 찾는 데 집중합니다. 이렇다 보니, 누군가에게 비교를 당하더라도 크게 마음을 쓰지 않습니다. '나'는 세상에 단 한 명밖에 없는 소중한 사람이라는 것을 알기에 당연히 더 행복해질 수밖에 없겠죠?

앞에서 말한 두 가지 외에도 자존감이 중요한 이유는 정말 많습니다. 어렸을 때 여러분 안에 만들어진 자존감은 여러분의 초·중·고 학교생활에 크고 중요한 영향을 미칩니다. 그뿐 아닙니다. 학교를 졸업하고 성인이 되어서 다른 사람들과 관계를 맺을 때, 직업을 선택할 때, 또 일에 몰입할 때도 자존감은 여러분의 인생에서 정말 많은 부분에 영향을 줍니다.

하루 한 장 글쓰기로 자존감을 높이기

자존감이 중요한 이유, 이제 잘 알았죠? 그런데 어떻게 하면 자존감을 높일 수 있을까요? 가장 좋은 방법은 나 스스로에 대해 생각하는 시간을 갖는 것입니다. 내가 좋아하는 것은 무엇이고 싫어하는 것은 무엇인지, 편하게 느끼는 것은 무엇이고 불편함을 느끼는 것은 무엇인지, 잘하는 것은 무엇이고 못하는 것은 무엇인지 등을 생각해보고 정리하는 시간이 필요합니다. 내가 어떤 사람인지를 잘 알아야 있는 그대로의 나를 온전하게 사랑해줄 수 있을 테니까요.

『자존감을 키워주는 하루 한 장 초등 글쓰기』는 초등학생들이 자신에 대해 잘 알고, 잘 사랑할 수 있도록 도와줄 방법이 무엇인지를 고민하다가 만들게 된 책입니다. 이 책으로 나와 관련된 여러 질문들에 대답하며 마음껏 고민해보세요. 나에 대해 생각하는 시간이야말로 여러분의 행복을 위해 꼭 필요한 시간이니까요.

자존감은 매우 개인적인 앎이자 경험입니다. 그런 점에서 혼자 힘으로 해내는 글쓰기와 잘 어울리죠. 『자존감을 키워주는 하루 한 장 초등 글쓰기』와 함께 내 머릿속에 들어 있는 생각을 꺼내보거나, 내가 어떤 감정을 느끼고 있는지, 내가 해낼 수 있는 일은 무엇인지에 대해 곰곰이 생각해보는 시간을 갖기 바랍니다. 이런 시간과 경험이 초등학교 때부터 시작된다면 자존감은 차곡차곡 쌓여 나갈 겁니다.

자, 그럼 지금부터 자존감을 키워주는 질문들과 함께 나를 더 아끼고 사랑해볼까요?

차례

머리말 4

자존감을 높이는 방법 8
초등학생들이 들려주는 글쓰기 비법 10
이 책의 사용법 12
나와의 약속 14
자존감을 키워주는 글쓰기 질문 100 17

글쓰기 인증서 123

자존감을 높이는 방법

첫째, 내가 가치 있는 존재라는 걸 알기

'가치 있는 존재'라는 말은 중요한 존재라는 것과 같은 뜻입니다. 세상의 모든 사람들은 그 자체로 중요한 존재입니다. 물론 누구에게나 부족한 점은 있죠. 예를 들어 자신감 있게 말하지 못한다거나 운동 실력이 부족할 수도 있습니다. 하지만 부족한 점이 있다고 해서 가치 있는 존재가 아닌 것은 아닙니다. 서툰 부분이 있는 것처럼 잘하는 부분, 빛나는 부분도 당연히 있으니까요.

그러니 '나는 이 세상에 꼭 필요한 가치 있는 존재'라는 사실을 절대 잊지 마세요. 그리고 하루 한 번씩 '나는 가치 있는 존재야.'라는 문장을 머릿속에 떠올리세요. 나의 가치를 내가 인정할 때 나의 자존감은 높아집니다.

둘째, 나 자신을 좋아하고 아껴주기

자존감은 나 자신을 사랑하는 마음입니다. 나에게 조금 싫은 점이 있어도, 부족한 점이 있어도 모든 것은 '나'라는 사람이 가지고 있는 다양한 특성 중 하나입니다. 있는 그대로의 나를 좋아하고 아껴주세요. 나를 좋아한다는 것은 나 자신에게 관심을 더 쏟는 것입니다. 내가 좋아하는 음식이 무엇인지 알고 그 음식을 찾아 먹으며 나의 기분을 좋게 만드는 것, 같이 있을 때 편안함을 주는 사람과 함께 시간을 보내는 것, 몸과 마음이 건강해지고 즐거워지는 취미를 위해 시간을 내는 것, 내가 잘했을 때 스스로를 칭찬해주는 것, 내가 부족했을 때는 다음에 더 잘하면 된다고 격려해주는 것. 이런 것들이 모두 다 나를 좋아해주는 행동입니다.

그렇다면 어떻게 하면 나를 아껴줄 수 있을까요? 간단합니다. 이렇게 세 가지만 아껴보세요. 하나, 내 시간을 아껴 쓰기(중요한 일을 하는 데 시간을 사용하기, 시간을 함부로 낭비하지 않기 등). 둘, 내 몸을 아껴 쓰기(몸에 나쁜 음식을 피하고 몸에 좋은 음식을 먹으려 노력하기, 몸이 다치지 않도록 조심하기 등). 셋, 내 마음을 아껴 쓰기(나쁜 생각을 줄이고 좋은 생각을 하는 데 마음 쓰기, 화나는 일이 있을 때 스스로 위로하며 마음 풀기 등). 어때요, 어렵지 않죠?

셋째, 나는 해낼 수 있다고 믿기

'할 수 있다!'라는 말이 주는 힘은 생각보다 강력합니다. 진짜 못할 것 같은 일도 할 수 있다고 반복해서 생각하면 거짓말처럼 할 수 있게 되는 때가 있습니다. 심리학자들의 연구에 따르면, '나는 해낼 수 있다!'라는 믿음을 가진 사람들은 어려운 상황일수록 더 노력했다고 합니다. 노력하면 이루어진다고 생각했으니까요. 반대로 할 수 없다고 생각하는 사람들은 어려운 고비를 만났을 때 쉽게 포기해버렸다고 합니다. 아무리 노력해도 할 수 없을 것 같다는 마음이 그들의 머릿속을 꽉 채우고 있었기 때문이죠. 자동적으로 자신감이 사라져버린 겁니다.

모든 일은 마음먹기에 달렸습니다. 아무리 어려운 일을 마주하더라도 나는 해낼 수 있다고 믿어주세요. 내가 나를 믿어야 다른 사람들도 나를 믿고 응원해주는 법입니다.

자존감 글쓰기를 잘할 수 있는 방법은 평소에 생각과 경험을 많이 하는 것이다. 글쓰기를 하다보면 갑자기 내가 예전에 했던 생각이나 경험이 떠오를 때가 있다. 경험한 게 많으면 글을 쓰기 쉽다.

_ 전해솔

일단 내용을 읽은 뒤 마음속으로 생각한다. 그다음 쓴다. 다 쓴 다음에는 다시 읽어보며 앞뒤가 맞지 않거나 어색한 문장을 고친다. 또 다시 읽어보며 더 쓰면 좋을 내용이나 빼도 괜찮을 것 같은 부분이 없는지 생각해본다. 그다음 한 번 더 고친다.

_ 강지우

글쓰기 주제 속 주인공이 나라고 생각하거나 내가 앞으로 겪게 될 일이라고 상상해보자. 내 경우에는 오랫동안 생각할수록 상상이 잘 되었던 것 같다. ※ 주의: 그렇다고 안 쓰고 계속 상상만 해서는 안 된다.

_ 김윤서

생각이 안 나더라도 무작정 써보자. 쓰다보면 생각이 나는데 그때 부족한 부분을 고치면 된다. 이게 바로 나의 특급 비법!

_ 김윤주

나의 비법은 내가 주인공이 되었다고 상상해보는 것이다. 예를 들어 수학 시험 100점 맞았을 때의 기분을 떠올려야 한다면 눈을 감고 머릿속으로 나의 모습과 100점짜리 수학 시험지를 함께 상상해보는 것이다.

_ 윤태건

글쓰기를 잘 할 수 있는 비법은 읽어보며 쓰는 것이다. 글을 쓰다가 막힐 땐 지금까지 쓴 글을 쭉 읽어보다 보면 떠오르지 않았던 생각이 난다. 또는 글 속에서 힌트를 얻을 때도 있다. 다시 읽다보면 부족한 부분을 지우거나 고칠 수도 있고 덧붙여야 할 것을 더 쓸 수도 있다. 이렇게 하면 더 쉽게 읽히는 글이 되는 것 같다.

_ 이서경

이 책의 사용법

 **001**

내가 부러워하는 사람(~을 잘하는 사람, ~이 많은 사람 등) 다섯 명을 적고, 그렇게 생각하는 이유도 써보세요.

②

글쓰기에 정답은 없다!
생각나는 내용들을
자유롭게 적어보세요!
글쓰기가 너~무
어려운 날에는
그림을 그려보세요!

②

멋진 생각, 멋진 문장, 멋진 단어를 칭찬해보세요!

③

① 글을 쓴 날짜를 기록하세요!

 **002**   ✎ 이 글을 쓴 오늘은   　년　　월　　일 ①

하루 동안 세 번 실수했지만 마지막엔 자랑스럽게 성공해낸 나의 이야기를 만들어보세요.

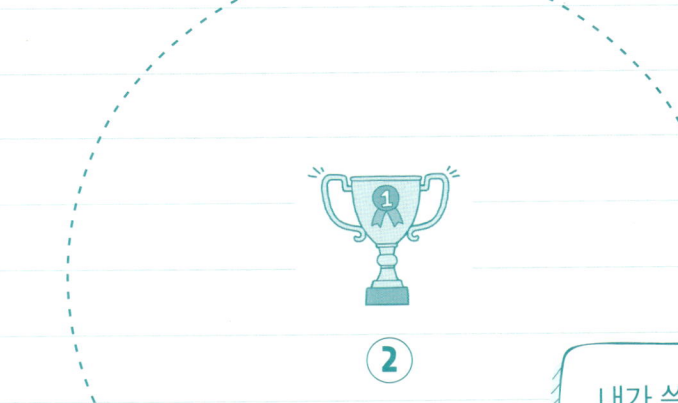

②

③ 내가 쓴 글을 다른 사람들과 공유할수록 글쓰기 실력이 좋아집니다. 나 또는 친구들의 글을 읽고 멋진 생각, 문장, 단어를 칭찬해보세요!

멋진 생각, 멋진 문장, 멋진 단어를 칭찬해보세요!

③

> 예시

나와의 약속

나 ___이 파 랑___ 은/는 ___9월 1일___ 부터 시작해 하루 한 장씩 글쓰기를 하겠다는 것을 약속합니다.

글쓰기는 나에게 이런 도움을 줍니다.

하나, 자존감을 키워줍니다.
둘, 매일 꾸준히 나에 대해 생각하는 습관을 길러줍니다.
셋, 생각을 글로 정리할 수 있게 해줍니다.

나는 ___매일 아침___ 시간에 글쓰기를 하겠습니다.

매일 한 편씩 빼먹지 않고 글을 쓴다면 보상으로
___친구들과 30분씩 운동장에서 놀겠___ 습니다.

만약, 매일 한 편씩 글쓰기를 하지 않는다면
___점심시간, 쉬는 시간에 놀지 않고 글쓰기를 하겠___ 습니다.

약속은 스스로 지키는 것입니다.

서명 ___이 파 랑___

나와의 약속

나 _____ 은/는 _____ 부터 시작해 하루 한 장씩 글쓰기를 하겠다는 것을 약속합니다.

글쓰기는 나에게 이런 도움을 줍니다.

_____
_____
_____

나는 _____ 시간에 글쓰기를 하겠습니다.

매일 한 편씩 빼먹지 않고 글을 쓴다면 보상으로
_____ 습니다.

만약, 매일 한 편씩 글쓰기를 하지 않는다면
_____ 습니다.

약속은 스스로 지키는 것입니다.

서명_____

참고문헌

826 VALENCIA (2016), 『창의력을 키우는 초등 글쓰기 좋은 질문 642』, 넥서스 Friends

민상기 (2015), 『현직 초등학교 선생님이 알려주는 초등학생이 좋아하는 글쓰기 소재 365』, 연지출판사

박재찬 (2021), 『하루 한 장 초등교과서 글쓰기』, 경향BP

윤홍균 (2016), 『자존감 수업』, 심플라이프

이상준 (2020), 『이타적 자존감 수업』, 다산에듀

인텔리전트 체인지 저 · 정지현, 정은희 역 (2017), 『하루 5분 아침 일기』, 심야책방

하루 한 장, 20분 동안 자존감 글쓰기를 해보세요.

매일 한 가지 질문을 보면서, 나에 대해 생각해보고,
자유롭게 써보세요.

나와 나를 둘러싼 사람들의 이야기를 떠올려보면서,
나를 사랑하는 방법을 떠올려보세요.

한 편의 글을 꼭 완성하지 않아도 좋아요.
자존감 글쓰기는 행복한 시간이어야 하니까요.

자, 이제 글을 써볼까요? ^^

예시. 1

 **OOO**　　✏️ 이 글을 쓴 오늘은　　　년　　　월　　　일

내가 부러워하는 사람(~을 잘하는 사람, ~이 많은 사람 등) 다섯 명을 적고, 그렇게 생각하는 이유도 써보세요.

내가 부러워하는 사람은 윤이준, 지수아, 김현, 민서진, 이로운이다. 우선 윤이준과 지수아는 똑똑해서 부럽고 김현은 그림을 그릴 때 형태를 잘 잡아서 부럽다. 그리고 민서진은 체육을 엄청 잘해서 부럽다. 마지막으로 이로운은 목소리가 크고 자신감이 넘쳐서 부럽다. 내가 부러워하는 다섯 명의 친구들은 내가 잘하지 못하는 것을 잘하기 때문에 부럽다. 이 친구들이 잘하는 것들을 나도 잘하고 싶다.

멋진 생각, 멋진 문장, 멋진 단어를 칭찬해보세요!

부러운 점을 자세히 적은 것 같다.
그리고 나를 부럽다고 해서 놀라웠고 고마웠다. _이로운

예시. 2

 **○○○**　✎ 이 글을 쓴 오늘은　　년　　월　　일

하루 동안 세 번 실수했지만 마지막엔 자랑스럽게 성공해낸 나의 이야기를 만들어보세요.

나는 학교에서 세 번의 실수를 했다. 먼저 첫 번째 실수는 선생님께서 부탁하신 심부름을 잘못한 것이다. 종이를 5학년 4반에 가져다주라고 했는데 5학년 3반에 가져다주었다. (예전에 있었던 일) 두 번째 실수는 준비물을 안 가지고 온 것이다. 물론 친구가 빌려줬다. (지난주에 있었던 일) 세 번째 실수는 친구에게 말실수를 한 것이다. 세 번이나 실수를 하다니. 하지만 이런 실수를 했더니, 요즘에는 선생님의 심부름도 잘하고, 준비물도 잘 챙기고, 친구들에게 말실수도 하지 않게 되었다. 실수가 나에게 도움이 된 셈이다.

멋진 생각, 멋진 문장, 멋진 단어를 칭찬해보세요!

실수한 이야기들을 구체적으로 잘 생각해낸 것 같아.
나는 실수한 적이 떠오르지 않아서 지어내서 적었는데,
정말 대단해! _배지수

 **001** ✏️ 이 글을 쓴 오늘은　　　　년　　　월　　　일

어떤 색을 좋아하느냐에 따라 그 사람의 성격을 알 수 있다고 하죠? 내가 좋아하는 색깔은 무엇인가요? 이 색을 이용해서 오늘은 특별히 그림을 그려보세요!

멋진 생각, 멋진 문장, 멋진 단어를 칭찬해보세요!

 **002** ✏️ 이 글을 쓴 오늘은   년   월   일

어느 날 친한 친구가 나에게 이렇게 물었습니다. "넌 뭘 할 때 기분이 좋아?" 잠시 고민한 다음, 나는 대답을 했습니다. 뭐라고 대답했을지 써보세요.

멋진 생각, 멋진 문장, 멋진 단어를 칭찬해보세요!

 **003** ✏️ 이 글을 쓴 오늘은   년   월   일

거울을 보세요. 나의 눈, 코, 입 중에서 가장 마음에 드는 곳은 어디인가요? 왜 그렇게 생각하나요?

멋진 생각, 멋진 문장, 멋진 단어를 칭찬해보세요!

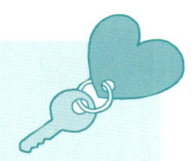

 **004** ✏️ 이 글을 쓴 오늘은   년   월   일

내가 잘하는 것은 무엇인가요? 내가 잘하는 것 하나를 고르고, 그것을 하는 방법을 처음부터 끝까지 차근차근 설명해보세요.

멋진 생각, 멋진 문장, 멋진 단어를 칭찬해보세요!

 **005** ✏️ 이 글을 쓴 오늘은   년   월   일

나를 설명하는 말을 열 가지 써보세요.

예 멋진, 예쁜, 용감한, 유쾌한, 자신감 있는

멋진 생각, 멋진 문장, 멋진 단어를 칭찬해보세요!

 **006** ✏️ 이 글을 쓴 오늘은   년   월   일

오늘은 딱! 한 문장만 적으세요. 나에게 용기와 자신감을 생기게 해줄 마법의 주문 한 문장!

멋진 생각, 멋진 문장, 멋진 단어를 칭찬해보세요!

007

✎ 이 글을 쓴 오늘은　　　년　　　월　　　일

나는 어떨 때 웃나요? 오늘은 몇 번 웃었나요? 어제는요? 최근에 가장 많이 웃었던 때를 떠올려보고, 그때 내가 웃었던 이유를 써보세요.

멋진 생각, 멋진 문장, 멋진 단어를 칭찬해보세요!

008

✎ 이 글을 쓴 오늘은   년   월   일

나의 장점 다섯 가지를 적어보세요. 그리고 거울 앞에 서서 다섯 가지 장점을 소리 내어 읽어보세요.

멋진 생각, 멋진 문장, 멋진 단어를 칭찬해보세요!

 **009** ✎ 이 글을 쓴 오늘은   년   월   일

쉽게 익숙해지지 않거나, 할 때마다 어렵게 느껴지는 일 세 가지와 그 이유를 적어보세요.

멋진 생각, 멋진 문장, 멋진 단어를 칭찬해보세요!

 **010** ✎ 이 글을 쓴 오늘은　　　년　　　월　　　일

우리 집에 있는 물건 중에서 나에게 가장 소중한 것은 무엇인가요? 이 물건을 어떻게 가지게 되었고, 소중하게 생각하는 이유는 무엇인지 적어보세요.

멋진 생각, 멋진 문장, 멋진 단어를 칭찬해보세요!

 **011** ✏️ 이 글을 쓴 오늘은   년   월   일

내가 사람이 아니라 과일로 태어났다면 어떤 과일이었을까요? 색깔은? 크기는? 오늘은 특별히 그려보세요!

멋진 생각, 멋진 문장, 멋진 단어를 칭찬해보세요!

012 ✎ 이 글을 쓴 오늘은　　년　　월　　일

사람들은 저마다 매일 먹어도 질리지 않는 음식이 있다고들 말합니다. 나는 어떤 음식이 그 정도로 좋은가요? 그 음식이 좋은 이유는 무엇인가요?

멋진 생각, 멋진 문장, 멋진 단어를 칭찬해보세요!

 **013** ✎ 이 글을 쓴 오늘은   년   월   일

나의 외모 중에서 가장 마음에 들지 않는 곳은 어디인가요? 눈? 코? 손? 그 신체 부위를 위로하는 편지를 써보세요!

멋진 생각, 멋진 문장, 멋진 단어를 칭찬해보세요!

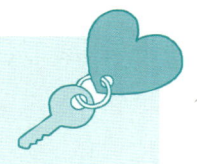

014

이 글을 쓴 오늘은   년   월   일

몸만 상처 입는 게 아닙니다. 마음이 다치는 경우도 많죠. 다른 사람이 무심코 한 말에 상처 입은 적이 있었나요? 나에게 상처 주었던 말과 그 말이 내 기분을 망쳐 놓은 이유를 써보세요.

멋진 생각, 멋진 문장, 멋진 단어를 칭찬해보세요!

 **015**   ✎ 이 글을 쓴 오늘은　　　년　　　월　　　일

내 인생에서 가장 기억에 남는 거짓말은 무엇인가요? 거짓말을 할 수밖에 없었다고요? 그렇다면 그 이유도 함께 써보세요.

멋진 생각, 멋진 문장, 멋진 단어를 칭찬해보세요!

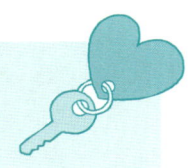

016 ✏️ 이 글을 쓴 오늘은   년   월   일

내가 가진 옷 가운데 가장 마음에 드는 것은 어떤 옷인가요? 그 옷을 입은 날에는 어떤 기분을 느끼나요?

멋진 생각, 멋진 문장, 멋진 단어를 칭찬해보세요!

 # 017

✏️ 이 글을 쓴 오늘은   년   월   일

내 짝이 하루에 20번씩 나에게 "멋있다!"라는 말을 해야만 하는 마법에 걸렸습니다. 마법에 걸린 짝과 나의 이야기를 만들어보세요.

멋진 생각, 멋진 문장, 멋진 단어를 칭찬해보세요!

 **018** ✎ 이 글을 쓴 오늘은   년   월   일

나의 여러 특징 가운데 내 마음에 안 드는 점은 무엇인가요? 시간 약속을 안 지키는 것? 한 가지 일을 끈기 있게 못 하는 것? 마음에 안 드는 점 세 가지를 써보세요.

멋진 생각, 멋진 문장, 멋진 단어를 칭찬해보세요!

 **019**  이 글을 쓴 오늘은   년   월   일

만약 남녀 성별을 바꿔서 새롭게 살 수 있는 기회가 생긴다면 바꿔볼 생각이 있나요? 그렇게 생각하는 이유는 무엇인가요?

멋진 생각, 멋진 문장, 멋진 단어를 칭찬해보세요!

 **020** ✎ 이 글을 쓴 오늘은   년   월   일

내가 원하는 대로 마음껏 방을 꾸밀 수 있다면 어떻게 꾸며보고 싶나요? 오늘은 그려보세요!

멋진 생각, 멋진 문장, 멋진 단어를 칭찬해보세요!

 **021**   ✎ 이 글을 쓴 오늘은   년   월   일

"괜찮아."로 시작해서 "괜찮아. 여전히 난 잘하고 있어."로 끝나는 편지를 나에게 써 보세요.

멋진 생각, 멋진 문장, 멋진 단어를 칭찬해보세요!

# 022 ✏️ 이 글을 쓴 오늘은   년   월   일

자기를 존중하는 사람은 다른 사람도 존중합니다. 내가 존중하고 싶은 세 사람의 이름을 적고, 존중하는 마음을 어떤 말과 행동으로 표현할 것인지도 함께 써보세요.

멋진 생각, 멋진 문장, 멋진 단어를 칭찬해보세요!

023

이 글을 쓴 오늘은   년   월   일

어느 날 선생님께서 이렇게 말씀하셨습니다. "물건으로 나를 나타낼 수 있을까요?" 내 주변을 살펴보며 나를 설명할 수 있는 물건 네 가지를 찾아보고, 그 물건이 나를 설명하는 이유를 써보세요.

멋진 생각, 멋진 문장, 멋진 단어를 칭찬해보세요!

024

이 글을 쓴 오늘은   년   월   일

용기 있고 씩씩한 사람을 용감하다고 말합니다. 나는 용감한 사람인가요? 내가 용기 있게 행동했던 일에 대해 적어보세요. 잘 떠오르지 않는다면 어떻게 하면 용감해질 수 있을지를 써보세요.

멋진 생각, 멋진 문장, 멋진 단어를 칭찬해보세요!

 **025** ✏️ 이 글을 쓴 오늘은   년   월   일

내가 가지고 있는 물건 가운데 절대 잃어버리고 싶지 않은 물건, 절대 잃어버리면 안 되는 물건은 무엇인가요? 오늘은 그 물건을 설명하고 그려보세요.

멋진 생각, 멋진 문장, 멋진 단어를 칭찬해보세요!

 **026** ✏️ 이 글을 쓴 오늘은   년   월   일

최근에 가장 기분 나빴던 때를 떠올려보세요. 무슨 일이 있었나요? 그때 기분 나빴던 이유는 무엇인가요?

멋진 생각, 멋진 문장, 멋진 단어를 칭찬해보세요!

027　　✎ 이 글을 쓴 오늘은　　년　　월　　일

기계에는 사용 설명서가 들어 있습니다. 만약, 나를 사용하는 방법이 적힌 '나 사용 설명서'가 있다면 어떤 내용이 쓰여 있을까요? 작동이 잘 될 때의 상태, 고장 났을 때 다시 잘 작동되게 만드는 법, 사용할 때 주의사항 등을 자세히 적어보세요.

멋진 생각, 멋진 문장, 멋진 단어를 칭찬해보세요!

 **028** ✏️ 이 글을 쓴 오늘은   년   월   일

우리가 당연하다고 생각하는 것 가운데 진짜 소중한 게 숨겨져 있습니다. 그동안 내가 당연하다고 생각해온 것에는 어떤 것들이 있나요?

멋진 생각, 멋진 문장, 멋진 단어를 칭찬해보세요!

 **029**　　✎ 이 글을 쓴 오늘은　　　년　　　월　　　일

신발은 언제나 내가 가고 싶은 곳으로 나를 데려다주는 고마운 물건입니다. 나의 신발에게 감사 편지를 써보세요.

멋진 생각, 멋진 문장, 멋진 단어를 칭찬해보세요!

 **030** ✏️ 이 글을 쓴 오늘은   년   월   일

내가 스무 살이 된다면 어떤 옷을 입고 어떤 머리 색깔, 모양을 해보고 싶나요? 오늘은 그려보세요!

멋진 생각, 멋진 문장, 멋진 단어를 칭찬해보세요!

031

✏️ 이 글을 쓴 오늘은   년   월   일

부모님이 나에게 하시는 말씀 중에서 듣고 싶지 않은 이야기를 세 가지 써보세요. 그리고 그렇게 생각하는 이유도 함께 써보세요.

멋진 생각, 멋진 문장, 멋진 단어를 칭찬해보세요!

 **032** ✎ 이 글을 쓴 오늘은   년   월   일

몸과 마음이 힘들 때 우리는 스트레스를 받는다고 이야기합니다. 나는 언제 스트레스를 받는 것 같나요? 공부하라는 이야기를 들을 때? 방 정리 하라고 잔소리를 들을 때? 내가 스트레스 받는 때는 언제인지 써보세요.

멋진 생각, 멋진 문장, 멋진 단어를 칭찬해보세요!

 **033**  이 글을 쓴 오늘은   년   월   일

최근에 영광스럽다고 느꼈다거나 스스로가 자랑스러웠던 순간은 언제인가요? 그때 어떤 일이 있었나요?

멋진 생각, 멋진 문장, 멋진 단어를 칭찬해보세요!

034

✎ 이 글을 쓴 오늘은   년   월   일

나보다 무언가를(공부, 운동, 그림그리기 등등) 잘하는 친구가 실수해서 우울해하고 있습니다. 이 친구를 어떻게 격려해주고 싶나요?

멋진 생각, 멋진 문장, 멋진 단어를 칭찬해보세요!

 **035** ✎ 이 글을 쓴 오늘은   년   월   일

내가 가진 것 중에 다른 사람들에게 나눠줄 수 있는 것에는 어떤 것들이 있나요? 눈에 보이는 것, 보이지 않는 것 모두 좋아요.

멋진 생각, 멋진 문장, 멋진 단어를 칭찬해보세요!

 **036** ✏️ 이 글을 쓴 오늘은   년   월   일

'끈기', '책임감', '협동', '감사', '존중', '노력', '사랑', '자유' 중에서 나에게 가장 소중한 단어 네 개를 고르고 그렇게 생각하는 이유를 써보세요.

멋진 생각, 멋진 문장, 멋진 단어를 칭찬해보세요!

037

✏️ 이 글을 쓴 오늘은   년   월   일

이번 주에 있었던 일 중에서 나 스스로를 칭찬해주고 싶은 일 다섯 가지를 뽑아 써보세요. 그리고 스스로를 칭찬해주세요!

멋진 생각, 멋진 문장, 멋진 단어를 칭찬해보세요!

038

✏️ 이 글을 쓴 오늘은   년   월   일

몸을 자주 움직이면 기분도 좋아지고 자신감도 생긴다고 합니다. 운동이나 몸을 움직이는 놀이를 누구와 어떻게 할 것인지 계획해볼까요?

멋진 생각, 멋진 문장, 멋진 단어를 칭찬해보세요!

039 ✏ 이 글을 쓴 오늘은   년   월   일

내가 하고 싶었던 일을 해냈을 때 어떤 기분이 드나요? 최근에 이런 기분을 느꼈던 때는 언제인가요? 무슨 일 때문이었나요?

멋진 생각, 멋진 문장, 멋진 단어를 칭찬해보세요!

 **040** ✎ 이 글을 쓴 오늘은   년   월   일

내 마음을 가장 잘 알아주는 사람은 누구인가요? 그 사람과 이야기할 때 나는 어떤 기분을 느끼나요? 그 사람과 어떤 이야기를 나눴나요?

멋진 생각, 멋진 문장, 멋진 단어를 칭찬해보세요!

 **041** ✎ 이 글을 쓴 오늘은   년   월   일

내가 가지고 싶은 물건 세 가지를 써보세요. 그리고 이 물건을 어떻게 하면 가질 수 있을지 그 방법을 5분 동안 생각한 뒤에 적어보세요.

멋진 생각, 멋진 문장, 멋진 단어를 칭찬해보세요!

 **042** ✎ 이 글을 쓴 오늘은   년   월   일

언제 들어도 기분이 좋아지는 말이 있습니다. 언제든 듣고 싶은 '내가 좋아하는 말 다섯 가지'는 무엇인가요?

멋진 생각, 멋진 문장, 멋진 단어를 칭찬해보세요!

 **043** ✏️ 이 글을 쓴 오늘은   년   월   일

하루 24시간 중에서 내가 가장 좋아하는 시간은 언제인가요? 먹을 때? 놀 때? 잘 때? 내가 좋아하는 시간과 그 시간을 좋아하는 이유를 써보세요.

멋진 생각, 멋진 문장, 멋진 단어를 칭찬해보세요!

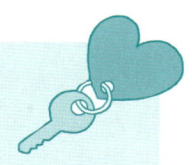

 **044** ✏️ 이 글을 쓴 오늘은   년   월   일

불교의 수행법 중 '묵언수행'이라는 게 있습니다. 말을 하지 않고 침묵을 지키는 것이죠. 이렇게 하면 마음이 깨끗해지는 느낌이 든다고 합니다. 딱 30분만 묵언수행을 해본 다음 나에게 든 느낌이나 생각을 써보세요!

멋진 생각, 멋진 문장, 멋진 단어를 칭찬해보세요!

045

✏️ 이 글을 쓴 오늘은   년   월   일

좋은 향기를 맡으면 기분도 좋아진다고 하죠? 나는 어떤 향기를 맡을 때 기분이 좋아지나요? 오렌지 향? 사과 향? 삼겹살 향? 내가 좋아하는 향기 다섯 가지와 그 향을 맡을 때 느끼는 기분에 대해 써보세요.

멋진 생각, 멋진 문장, 멋진 단어를 칭찬해보세요!

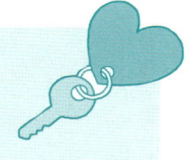

046

이 글을 쓴 오늘은　　년　　월　　일

모든 일은 생각하기 나름이라고 하죠? 물컵에 물이 반 정도 담겨 있을 때 "물이 반밖에 없네."라고 말하는 사람이 있고, "물이 반이나 있네."라고 말하는 사람이 있습니다. 부정적인 말을 긍정적인 말로 바꿔서 이야기해볼까요?

예 1. 오늘은 숙제가 너무 많아. 2. 가방이 너무 무거워. 3. 부모님이 너무 바빠.

멋진 생각, 멋진 문장, 멋진 단어를 칭찬해보세요!

047 ✎ 이 글을 쓴 오늘은   년   월   일

필요 이상으로 듣기 싫게 꾸짖거나 참견하는 말을 '잔소리'라고 합니다. 내가 싫어하는 잔소리 베스트 5는 무엇인가요?

멋진 생각, 멋진 문장, 멋진 단어를 칭찬해보세요!

 **048** ✏️ 이 글을 쓴 오늘은   년   월   일

힘든 것, 어려운 것을 참아내는 힘을 '인내심'이라고 합니다. 힘든 일이지만 내가 잘 참고 이겨낼 수 있는 세 가지는 무엇인가요?

멋진 생각, 멋진 문장, 멋진 단어를 칭찬해보세요!

 **049** ✎ 이 글을 쓴 오늘은   년   월   일

자신의 일을 스스로 잘 해내는 사람은 언제나 멋집니다. 누구의 도움 없이도 나 혼자 꽤 멋지게 해내고 있다고 생각하는 일 두 가지와 그 일을 잘 해낼 수 있는 비법을 써 보세요.

멋진 생각, 멋진 문장, 멋진 단어를 칭찬해보세요!

050

✎ 이 글을 쓴 오늘은   년   월   일

나는 누구와 놀 때 가장 즐겁나요? 그 사람과 어떻게 놀면 재밌나요? 정말 재미있게 놀았던 일에 대해 써보세요.

멋진 생각, 멋진 문장, 멋진 단어를 칭찬해보세요!

051

✏️ 이 글을 쓴 오늘은   년   월   일

예전에는 누군가의 도움이 필요했지만 지금은 나 혼자서도 할 수 있게 된 일을 두 가지 적어보세요. 누가 나를 도와주었는지, 그리고 이제 혼자서도 할 수 있게 된 이유는 무엇인지 써보세요.

멋진 생각, 멋진 문장, 멋진 단어를 칭찬해보세요!

 **052** ✎ 이 글을 쓴 오늘은   년   월   일

잠재력은 겉으로 드러나 보이진 않지만 내 속에 숨겨져 있는 힘을 말합니다. 나만이 알고 있는 나의 세 가지 잠재력은 무엇인가요? 이 잠재력을 언제, 어떻게 사용해보고 싶나요?

멋진 생각, 멋진 문장, 멋진 단어를 칭찬해보세요!

 **053** ✎ 이 글을 쓴 오늘은   년   월   일

'이런 것도 목표라고 할 수 있을까?'라는 생각이 들 정도로 아주 작고 사소한 목표 다섯 가지를 세워보세요.

멋진 생각, 멋진 문장, 멋진 단어를 칭찬해보세요!

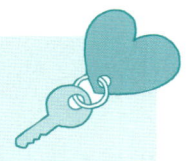

054

✎ 이 글을 쓴 오늘은   년   월   일

처음 만난 사람들에게 자신을 소개하기 위해 건네는 종이쪽을 '명함'이라고 합니다. 내가 직접 나의 명함을 디자인한다면 어떻게 만들어보고 싶나요? '이름', '연락처', '좋아하는 것', '장점' 같은 게 들어가면 좋겠죠? 오늘은 특별히 그려보세요!

멋진 생각, 멋진 문장, 멋진 단어를 칭찬해보세요!

 **055** ✏️ 이 글을 쓴 오늘은   년   월   일

모든 친구들과 친하게 지낸다는 건 무척 어려운 일입니다. 친구와 사이가 좋지 않아서 슬퍼하고 있는 한 친구가 있다면 어떤 이야기를 해주고 싶나요?

멋진 생각, 멋진 문장, 멋진 단어를 칭찬해보세요!

 **056** ✎ 이 글을 쓴 오늘은   년   월   일

누구나 실수를 하며 살아갑니다. 최근에 내가 했던 실수는 무엇이었나요? 그 실수를 통해 어떤 걸 배우게 되었나요?

멋진 생각, 멋진 문장, 멋진 단어를 칭찬해보세요!

 **057** ✎ 이 글을 쓴 오늘은   년   월   일

요즘 특히 하기 싫거나 힘들었던 일을 떠올려보세요. 그 일을 끝까지 해냈나요? 그때 기분이 어땠나요? 만약, 끝마치지 못했다면 그 이유는 무엇이었을까요?

멋진 생각, 멋진 문장, 멋진 단어를 칭찬해보세요!

 **058** ✏️ 이 글을 쓴 오늘은   년   월   일

평소에 화가 나면 어떻게 화를 표현하나요? 기분 나쁘다고 말을 하나요? 혹시 화풀이하는 대상이 정해져 있나요? 내가 화를 표현하는 방법을 써볼까요?

멋진 생각, 멋진 문장, 멋진 단어를 칭찬해보세요!

 **059** ✏️ 이 글을 쓴 오늘은   년   월   일

하루 동안 세 번 실수했지만 마지막엔 자랑스럽게 성공해낸 나의 이야기를 만들어보세요.

멋진 생각, 멋진 문장, 멋진 단어를 칭찬해보세요!

 **060** ✎ 이 글을 쓴 오늘은   년   월   일

만졌을 때 기분이 좋아지는 물건들이 있습니다. 나는 어떤 물건을 만질 때 편안한 기분을 느끼는지 딱 세 가지만 골라 써보세요.

멋진 생각, 멋진 문장, 멋진 단어를 칭찬해보세요!

061

✏️ 이 글을 쓴 오늘은   년   월   일

"거봐, 우리는 네가 당연히 해낼 거라고 믿고 있었어."라는 문장으로 끝나는 이야기를 만들어보세요.

멋진 생각, 멋진 문장, 멋진 단어를 칭찬해보세요!

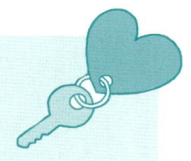

 **062** ✏️ 이 글을 쓴 오늘은   년   월   일

꿈꾸는 대로, 말하는 대로 어떤 일이 일어난다면 나는 어떤 꿈을 꾸고, 어떤 말을 해 보고 싶나요? 두 가지씩 써보세요.

멋진 생각, 멋진 문장, 멋진 단어를 칭찬해보세요!

063

✎ 이 글을 쓴 오늘은   년   월   일

타임머신을 타고 20년 뒤 미래로 가서 나의 모습을 몰래 훔쳐봤습니다. 나는 어디서, 어떤 옷을 입고, 어떤 일을 하고 있는지 자세히 써보세요.

멋진 생각, 멋진 문장, 멋진 단어를 칭찬해보세요!

064

✎ 이 글을 쓴 오늘은   년   월   일

혼자서 2박 3일 동안 여행을 가야 한다면 가장 힘들고 어려운 점 두 가지는 무엇일까요? 그렇게 생각하는 이유는 무엇인가요?

멋진 생각, 멋진 문장, 멋진 단어를 칭찬해보세요!

 **065** ✎ 이 글을 쓴 오늘은   년   월   일

'어떤 직업을 가지고 싶은가'보다 중요한 건 '어떤 사람이 될 것인가' 아닐까요? 나는 '어떤 사람'이 되고 싶나요?

멋진 생각, 멋진 문장, 멋진 단어를 칭찬해보세요!

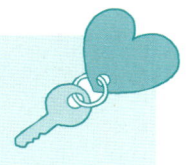

 **066**   ✏️ 이 글을 쓴 오늘은   년   월   일

힘이 들 때 듣기만 해도 기운이 불끈 솟는 말이 있나요? 그런 말을 네 가지 적어보세요.

멋진 생각, 멋진 문장, 멋진 단어를 칭찬해보세요!

 # 067

✎ 이 글을 쓴 오늘은   년   월   일

다른 사람을 존중하는 태도의 기본은 '경청'입니다. 내가 하는 말을 친구가 어떻게 경청해주면 좋을까요? 잘 듣는 방법 세 가지를 써보세요.

멋진 생각, 멋진 문장, 멋진 단어를 칭찬해보세요!

068 ✎ 이 글을 쓴 오늘은 　　년　　월　　일

내가 무슨 말을 할 때마다 "네가 그런 것도 알아?", "쳇, 잘난 척하기는."이라고 말하며 나를 무시하는 친구와 짝이 되었습니다. 이 친구에게 '나를 무시하지 말라'는 내용으로 편지를 써보세요.

멋진 생각, 멋진 문장, 멋진 단어를 칭찬해보세요!

 **069** ✏️ 이 글을 쓴 오늘은   년   월   일

집과 학교를 제외하고, 내가 가장 좋아하는 장소는 어디인가요? 그곳을 좋아하는 이유는 무엇인가요? 그곳에 가면 어떤 느낌이 드나요?

멋진 생각, 멋진 문장, 멋진 단어를 칭찬해보세요!

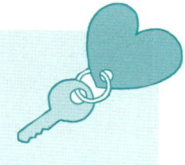

 **070** ✏️ 이 글을 쓴 오늘은   년   월   일

나와 우리 가족이 지금보다 행복해지려면 무엇이 더 필요하다고 생각하나요? 그 이유는 무엇인가요? 눈에 보이는 물건도 좋고 눈에 안 보이는 가치도 좋습니다. 만약 더 행복해질 필요를 느끼지 못할 정도로 이미 행복하다면, 행복한 이유를 써보세요!

멋진 생각, 멋진 문장, 멋진 단어를 칭찬해보세요!

071

✏️ 이 글을 쓴 오늘은   년   월   일

'1년 전의 나'와 '오늘의 나'는 어떻게 다른가요? 1년 전에 비해 나아진 점이 있다면 어떤 것인가요?

멋진 생각, 멋진 문장, 멋진 단어를 칭찬해보세요!

072

✏️ 이 글을 쓴 오늘은　　　년　　　월　　　일

화가 날 때 화를 멈출 수 있는 것은 엄청난 능력입니다. 나는 화가 날 때 어떻게 하면 화가 멈추나요?

멋진 생각, 멋진 문장, 멋진 단어를 칭찬해보세요!

 **073** ✏️ 이 글을 쓴 오늘은   년   월   일

완벽하지 않아도 괜찮은 일에는 어떤 것이 있을까요? 꼼꼼하게 색칠하는 것? 수학 문제의 답을 모두 맞히는 것?

멋진 생각, 멋진 문장, 멋진 단어를 칭찬해보세요!

074

✏️ 이 글을 쓴 오늘은   년   월   일

나의 비밀을 털어놓을 만한 친구가 있나요? 비밀을 털어놓을 정도로 믿을 만한 친구들은 어떤 공통점을 가지고 있나요?

멋진 생각, 멋진 문장, 멋진 단어를 칭찬해보세요!

 # 075

✏️ 이 글을 쓴 오늘은   년   월   일

내가 매일 꾸준히 하고 있는 일에는 어떤 것이 있나요? 아침에 눈을 떠서 잠자리에 들 때까지 날마다 반복하고 있는 일들이 무엇인지 써보세요.

멋진 생각, 멋진 문장, 멋진 단어를 칭찬해보세요!

 **076** ✏️ 이 글을 쓴 오늘은　　　년　　　월　　　일

"나는 지금도 충분히 (　　　) 사람이다."의 괄호 안에 들어갈 단어 일곱 개를 적고, 그렇게 생각하는 이유를 함께 적어보세요. 그런 뒤 괄호를 채운 문장을 반복해서 읽어보세요.

예 사랑받을 만한, 성실한, 존중받을 만한, 가치 있는

멋진 생각, 멋진 문장, 멋진 단어를 칭찬해보세요!

 **077** ✎ 이 글을 쓴 오늘은   년   월   일

최근에 누군가에게 감사했던 일 세 가지를 써보세요. 감사한 마음이 든 이유도 함께 적어보세요.

멋진 생각, 멋진 문장, 멋진 단어를 칭찬해보세요!

078

✎ 이 글을 쓴 오늘은   년   월   일

최근에 가장 화가 났던 때는 언제였나요? 화가 난 이유는 무엇인가요? 화를 냈다면 그때 어떤 기분을 느꼈나요?

멋진 생각, 멋진 문장, 멋진 단어를 칭찬해보세요!

079

✎ 이 글을 쓴 오늘은   년   월   일

내가 지금 겪고 있는 일 중에서 누군가에게 도움을 구하면 지금보다 나아질 것 같은 일을 하나 떠올려보세요. 그것은 어떤 일인가요? 어떤 사람에게 도움을 구하면 좋을까요?

멋진 생각, 멋진 문장, 멋진 단어를 칭찬해보세요!

 **080** ✎ 이 글을 쓴 오늘은　　　년　　　월　　　일

부모님의 따뜻한 마음을 느꼈던 적은 언제인가요? 그런 마음이 들었던 일은 어떤 일이었나요?

멋진 생각, 멋진 문장, 멋진 단어를 칭찬해보세요!

 **081**  이 글을 쓴 오늘은   년   월   일

내 주변에서 나보다 행복해 보이는 친구는 누구인가요? 그렇게 생각한 이유는 무엇인가요?

멋진 생각, 멋진 문장, 멋진 단어를 칭찬해보세요!

082

✏️ 이 글을 쓴 오늘은   년   월   일

내가 부러워하는 사람(~을 잘하는 사람, ~이 많은 사람 등) 다섯 명을 적고, 그렇게 생각하는 이유도 써보세요.

멋진 생각, 멋진 문장, 멋진 단어를 칭찬해보세요!

 **083**　　✎ 이 글을 쓴 오늘은　　년　　월　　일

거절하는 건 언제나 어렵습니다. "오늘 학교 끝나고 같이 놀래?"라고 말하는 친구의 제안을 어떻게 거절하면 좋을까요? 친구가 기분 나쁘지 않게 말하려면 어떻게 하는 게 좋을까요?

멋진 생각, 멋진 문장, 멋진 단어를 칭찬해보세요!

084

✏️ 이 글을 쓴 오늘은　　　년　　　월　　　일

내 주위 사람들 가운데 나를 가장 존중해주는 사람은 누구인가요? 그렇게 생각하는 이유는 무엇인가요?

멋진 생각, 멋진 문장, 멋진 단어를 칭찬해보세요!

 **085** ✎ 이 글을 쓴 오늘은   년   월   일

내가 가장 좋아하는 유튜버 세 사람과 그 유튜버가 좋은 이유, 다른 유튜버들과의 차이점을 써보세요.

멋진 생각, 멋진 문장, 멋진 단어를 칭찬해보세요!

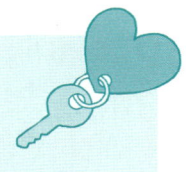

 **086** ✏️ 이 글을 쓴 오늘은   년   월   일

"모두 네 덕분이야. 고마워." 하는 말로 사람들을 행복하게 만든 초등학생의 이야기를 만들어보세요.

멋진 생각, 멋진 문장, 멋진 단어를 칭찬해보세요!

 **087** ✎ 이 글을 쓴 오늘은   년   월   일

내가 좋아하는 사람이 있습니다. 그 사람에게 과자를 준다면 어떤 과자를, 어떻게 포장해서, 얼마만큼 주고 싶나요?

멋진 생각, 멋진 문장, 멋진 단어를 칭찬해보세요!

 **088** ✏️ 이 글을 쓴 오늘은   년   월   일

칭찬은 하는 사람도, 받는 사람도 모두 기분이 좋아지게 만든다고 하죠. 칭찬해주고 싶은 세 친구를 고르고, 그 친구들에게 해주고 싶은 말을 각각 적어보세요.

멋진 생각, 멋진 문장, 멋진 단어를 칭찬해보세요!

089

✎ 이 글을 쓴 오늘은   년   월   일

우리 가족에게 나는 어떤 가치가 있는 사람일까요? 가족에게 내가 필요한 이유 세 가지를 써보세요.

멋진 생각, 멋진 문장, 멋진 단어를 칭찬해보세요!

 **090** ✏️ 이 글을 쓴 오늘은   년   월   일

어떤 사람을 믿음직한 사람이라고 생각하나요? 약속을 잘 지키는 사람? 비밀을 잘 지켜주는 사람? 내 주변에서 가장 믿음직한 세 사람을 꼽고, 그 이유를 써보세요.

멋진 생각, 멋진 문장, 멋진 단어를 칭찬해보세요!

 **091**   ✎ 이 글을 쓴 오늘은   년   월   일

내가 좋아하는 사람(친구, 책 속 인물이나 유명인사, 가족 등) 다섯 명의 이름을 적고, 그 사람을 좋아하는 이유도 함께 써보세요.

멋진 생각, 멋진 문장, 멋진 단어를 칭찬해보세요!

 **092** ✎ 이 글을 쓴 오늘은   년   월   일

내가 사람이 아니라 동물로 태어났다면 어떤 동물이었을까요? 오늘은 특별히 그려보세요!

멋진 생각, 멋진 문장, 멋진 단어를 칭찬해보세요!

 **093** ✎ 이 글을 쓴 오늘은   년   월   일

언제나 '내 편'인 사람 세 명의 이름을 써보세요. 그리고 그렇게 생각하는 이유를 써보세요. 이름 대신 별명을 써도 됩니다.

멋진 생각, 멋진 문장, 멋진 단어를 칭찬해보세요!

094

✏️ 이 글을 쓴 오늘은   년   월   일

친구들과 어울려 놀고 싶지만 낯을 많이 가리고 부끄러움을 타서 친구들 주변만 맴도는 한 친구가 있습니다. 이 친구에게 용기를 주기 위해 "부끄러워할 필요 없어!"로 끝나는, 편지를 써보세요.

멋진 생각, 멋진 문장, 멋진 단어를 칭찬해보세요!

095

✎ 이 글을 쓴 오늘은   년   월   일

혼자 힘으로 해결하기 어려운 문제를 다른 사람의 도움을 받아 끝마친 쌍둥이의 이야기를 만들어 써보세요. 쌍둥이는 어떤 문제로 힘들어하다가 누구의 도움을 받아 문제를 해결했을까요?

멋진 생각, 멋진 문장, 멋진 단어를 칭찬해보세요!

 **096**   ✏️ 이 글을 쓴 오늘은   년   월   일

오늘 부모님과 함께 차분히 대화할 수 있는 시간이 20분 주어진다면 어떤 주제로 이야기 나누고 싶나요? 어제 학교에서 있었던 일? 주말 계획? 요즘 하고 있는 게임 이야기? 자유롭게 써보세요.

멋진 생각, 멋진 문장, 멋진 단어를 칭찬해보세요!

 **097** ✎ 이 글을 쓴 오늘은   년   월   일

내 주변 사람들 가운데 친구가 많은 사람은 누구인가요? 그 사람 주변에는 왜 친구들이 많이 모일까요? 그 이유를 생각해 써보세요.

멋진 생각, 멋진 문장, 멋진 단어를 칭찬해보세요!

098

✎ 이 글을 쓴 오늘은   년   월   일

내 스마트폰 속 사진 중에서 가장 마음에 드는 사진을 세 장 골라보세요. 어떤 사진인가요? 왜 그 사진이 마음에 드나요?

멋진 생각, 멋진 문장, 멋진 단어를 칭찬해보세요!

 **099**  이 글을 쓴 오늘은   년   월   일

마음이 넓고 잘 이해해주는 사람을 우리는 '너그러운 사람'이라고 말합니다. 내가 한 너그러운 행동에는 어떤 것이 있나요? 앞으로 실천하고 싶은 너그러운 행동은 무엇인가요?

멋진 생각, 멋진 문장, 멋진 단어를 칭찬해보세요!

 **100**　✏️ 이 글을 쓴 오늘은　　년　　월　　일

마지막 질문입니다. 그동안 99개의 주제로 글을 완성한 나에게 '성공 축하 편지'를 써 보세요. 마지막은 "그래서 나는 나를 사랑해!"라는 문장으로 끝마쳐주세요.

멋진 생각, 멋진 문장, 멋진 단어를 칭찬해보세요!

나를 사랑하는 힘이
나를 키운다!

글쓰기 인증서

성 명 :

끝마친 글쓰기 질문 :　　　　개

　　　　년　　　　월　　　　일

위의 기재된 내용이 틀림없음을 확인함.

글쓰기 동반자　　　　　　서명